Copyright ⓒ Shenzhen Hantu Culture Development Co., Ltd.
Originally published in Chinese by Guangdong People's Publishing House

The Korean translation rights arranged through Rightol Media (Email: copyright@rightol.com)

이 책의 한국어판 저작권은 Rightol 에이전시를 통해 저작권자와 독점 계약한 카시오페아에 있습니다.
저작권법에 의해 한국 내에서 보호를 받는 저작물이므로 무단 전재와 무단 복제를 금합니다.

알쏭달쏭 **내 기분을**
표현하는 20가지 방법

어린이 감정 말하기 연습

한 투 편저 | 김희정 옮김

■ 편집자의 말

'건강'이라는 말은 몸뿐만 아니라 마음 건강도 의미합니다. 초등학교라는 작은 사회에 발을 들인 아이들은 한층 넓은 세상과 다양한 사람 그리고 자기 자신을 마주하게 되죠. 몸과 마음이 성장하는 이 결정적 시기에 아이들은 수많은 문제를 맞닥뜨리며 무궁무진한 고민을 하기 시작합니다.

친구와 다투면 양보하고 말래! 좋아하는 과목만 들을 거야! 아무리 노력해도 소용 없는 것 같은데? 친구와 사이가 안 좋아졌어. 다시는 친구를 사귀지 않을 거야! 나쁜 습관과 헤어질래! 가족 때문에 억울해! 너무 긴장돼! 왜 쟤는 인내심이 없지? 칭찬하기는 너무 어려워. 어떻게 거절해야 할지 모르겠어! 다른 사람들과 생각이 달라!

초등학생의 눈에 이런 문제와 고민은 태산처럼 느껴집니다. 결국 자신감과 통제력, 적극성과 사회성을 꽁꽁 옭아매 아이들을 나약하게 만들죠. 아이들은 이런 문제와 고민에서 스스로 벗어나기 쉽지 않습니다.

저희는 이런 어려움을 해결하고자 다수의 심리 전문가와 함께 〈만화로 읽는 초등 자기계발〉 시리즈를 만들게 되었습니다. 초등학생이 일상에서 마주하는 갖가지 문제를 해결하는 방법을 이해하기 쉬운 스토리와 만화 형식으로 설명합니다. 이를 통해 아이들은 훌륭한 심성, 꿋꿋한 의지와

원만한 인간관계, 온전한 인격과 건강한 마음 상태를 지닌 청소년으로 성장할 수 있습니다.

아이들이 자기 내면을 이해하고, 마주할 좌절과 어려움을 성장의 양분으로 삼는 데에 이 시리즈가 도움이 되기를 바랍니다. 부모님들에게는 이 책이 성장기 아이를 더 나은 길로 인도하는 수단이 되길 바랍니다.

〈만화로 읽는 초등 자기계발〉 시리즈와 함께라면 아이들이 마음속에 쌓아 둔 고민을 깨부수고 나와 조금씩 더 강해질 거라고 믿습니다. 어떤 어려움을 맞닥뜨리더라도 결국 그 장해물을 뛰어넘어 더 멋지게 성장할 거예요!

■ 등장 인물

강환희 11살, 5학년. 강질주의 누나. 공부를 잘하며 자존심이 세다. 좋아하는 것도 취미도 많다.

강질주 8살, 2학년. 강환희의 동생. 장난꾸러기이지만 사랑스럽다. 어른을 어려워한다.

왕고은 강환희와 같은 반 단짝. 예쁘고 공부도 잘하며 다재다능하다.

이강한 강질주의 앞 자리 친구. 활발하고 한번 무언가를 좋아하면 푹 빠진다. 살짝 덜렁댄다.

천산호 애교 많은 깜찍한 친구. 하지만 남에게 많이 의지하는 성향이 있다.

온누리 늘 반장을 도맡는 공붓벌레. 정의롭고 완벽을 추구하는 도도한 친구.

한빛 선배 아동 심리학 전문가. 아이들의 좋은 친구. 태양처럼 밝고 명랑하다.

도 여사님 강환희와 강질주의 엄마. 아름답고 지혜롭다. 아이들의 의사를 존중하고 함께 이야기하는 것을 좋아한다.

강 선생님 강환희와 강질주의 아빠. 깐깐한 원칙주의자이며 자신의 일을 사랑한다.

왕 선생님 국어 선생님. 아이들을 사랑하며 책임감이 강하다. 가끔 일부러 엄하게 굴기도 한다.

옆집 진 여사님 천산호의 엄마. 말투는 날카로워도 마음만은 따뜻하다.

목차 CONTENTS

1. 감정은 다채로워요

01. 오늘 내가 느낀 감정은 뭘까? • **012**
02. 감정이 롤러코스터처럼 오르락내리락해 • **018**

2. 감정과 친해지고 싶어요

03. 게임에서 지면 화가 나 • **026**
04. 하지도 않은 일로 혼나서 억울해 • **032**
05. 친구가 장난치니까 집중이 안 돼 • **038**
06. 너무 들떠서 잠이 안 와 • **044**
07. 선생님이 혼내서 속상해 • **050**
08. 오래 준비한 일이 결국 안 되니까 허탈해 • **056**

3. 속마음을 표현할래요

09. 친구들과 다른 반이 되어서 우울해 • **064**
10. 학급 회장 선거에서 떨어질까 봐 긴장돼 • **070**

11. 곧 시험이야, 너무 떨려 • 076

12. 제대로 할 줄 아는 것도 없고, 난 망했어 • 082

13. 낯선 사람에게 말 거는 게 어려워 • 088

14. 키우던 햄스터가 보고 싶어 • 094

4. 다른 사람의 마음이 궁금해요

15. 작은 물건 하나가 그렇게 중요해? • 102

16. 자꾸 재촉하는 어른들이 미워 • 108

17. 누나는 왜 참을성이 없지? • 114

5. 감정을 침착하게 말할 수 있어요

18. 친구가 뒤에서 내 험담을 할 때 • 122

19. 다들 내 탓만 할 때 • 128

20. 단짝 친구에게 새 친구가 생겼을 때 • 134

1

감정은 다채로워요

01. 오늘 내가 느낀 감정은 뭘까?

02. 감정이 롤러코스터처럼 오르락내리락해

01 오늘 내가 느낀 감정은 뭘까?

♥ 내 마음 들여다보기 ♥

하루 종일 감정이 왔다 갔다 해요. 괜찮은 걸까요? (　　)

A. 누구나 다양한 감정이 있어. 그건 아주 자연스러운 일이야.

B. 감정이 있어서는 안 돼. 감정적인 건 이상한 거야.

C. 한 가지 감정이 지속되는 게 정상이야. 감정이 너무 이리저리 바뀌면 좋지 않아.

D. 감정은 롤러코스터처럼 휙휙 바뀌는 게 정상이지.

마음속 고민

한빛 선배가 도와줄게

누구에게나 다양한 감정이 있어.

방법 1 우리에게는 여러 감정이 있어요. 가끔 자기 감정을 이해할 수 없을 때는 그 상황이 발생했을 때 내가 무엇을 원했는지 돌이켜 보고, 왜 화나거나 슬펐는지 이유를 찾아 보아요.

한빛 선배가 도와줄게

감정도 적절히 조절할 줄 알아야 해.

방법 2 부정적인 감정은 우리의 마음을 어둡게 물들여요. 그래서 부정적인 감정이 우리에게 나쁜 영향을 미치지 못하도록 조절해야 해요. 거울을 보고 환하게 웃어 보거나, 친구와 수다를 떨며 기분 전환을 하는 것도 좋은 방법이랍니다.

한빛 선배가 도와줄게

기분이 좋을수록 무슨 일이든 술술 풀려.

방법 3 감정은 일상을 다채롭게 만들기도 하지만 큰 영향을 주기도 해요. 부정적인 감정은 우리의 몸과 마음을 상하게 할 뿐만 아니라 주변 사람과 다투는 이유가 되기도 해요. 반대로 좋은 감정을 유지하면 더 즐겁고 행복해져요. 그리고 친구를 사귀는 데도 도움이 돼요.

조금씩 성장하는 우리

누구에게나 감정이 있어. 기쁨, 분노, 슬픔, 두려움 등 여러 감정은 우리 행동에도 영향을 주지. 난 내 감정을 평온하게 받아들이려 해. 기분이 처지거나 욱할 때도 일부러 웃어 보려고 해. 부정적 감정이 나와 다른 사람에게 나쁜 영향을 미치지 않도록 말이야. 난 매일 즐겁게 지낼 거야.

도움이 될 만한 표현들

☐ 부정적인 감정에 빠지지 않게 조심해.
☐ 우리 감정은 참 복잡해. 거리를 두고 바라봐야 해.
☐ 웃으면 젊어지고, 얼굴을 찌푸리면 주름이 늘어난대.

02 감정이 롤러코스터처럼 오르락내리락해

♥ 내 마음 들여다보기 ♥

기쁘기도 하고 슬프기도 하고, 속상했다가 또 울적했다가, 또 얼마 후에는 신나서 어쩔 줄 모르겠어요. 이런 복잡한 감정을 마주하면 어떤 생각이 드나요? ( )

A. 너무 고민이 돼요. 이랬다저랬다 하는 변덕쟁이로 보이지 않을까요?

B. 감정에 좋고 나쁜 건 없죠. 심하지 않으면 자연스럽게 둬야 해요.

C. 속상함, 슬픔, 두려움은 부정적인 감정이라 싫어요.

마음속 고민

한빛 선배가 도와줄게

원래 감정은 계속 변하니까 그것 때문에 걱정할 필요 없어.

방법 1 감정은 주변 상황이나 내 마음 상태에 따라서 달라져요. 우리가 일상에서 마주하는 일들에 반응하는 자연스러운 방식이죠. 그러니까 감정이 금방 바뀐다고 해서 걱정할 필요 없어요. 내 감정을 그대로 받아들이는 연습을 하면 돼요.

한빛 선배가 도와줄게

부정적인 감정은 홍수 같아서 넘치기 전에 해결해야 해.

방법 2 속상함, 두려움, 불쾌함, 긴장감은 부정적인 감정이에요. 적당히 표현하는 건 괜찮지만, 부정적인 감정이 계속 커지게 두면 문제가 생기기 쉬워요. 자꾸 심술이 나서 친구와 사이가 틀어지거나, 스트레스를 받아 머리가 지끈지끈 아플 수도 있어요. 늦기 전에 좋은 방법을 찾아 마음을 차분하게 만들어 봐요.

한빛 선배가 도와줄게

긍정적인 감정은 기분을 유쾌하게 만들고 공부도 잘할 수 있게 도와줘.

방법 3 즐거움과 기쁨 등 긍정적인 감정은 몸과 마음을 상쾌하게 만들어 줍니다. 머릿속이 맑아지고 기억력도 좋아져요. 스트레스도 줄어들고 주변 사람에게도 밝은 에너지를 줄 수 있어요. 그래서 공부도 잘되고 친구들과 사이도 더 좋아진답니다. 이런 감정은 좋아하는 취미 활동이나 운동을 하면 더 잘 유지할 수 있어요.

조금씩 성장하는 우리

감정은 복잡해. 주변 환경과 내 바람에 따라 계속 달라져. 나는 내 감정을 알고 이해하려고 노력해. 행복이나 기쁨 같은 긍정적인 감정을 더 많이 느끼려고 하고, 부정적인 감정이 밀려들면 늦지 않게 조절하지. 물을 마신다든가, 책을 본다든가, 감정 일기를 쓰면서 나쁜 감정이 지배하지 못하도록 유쾌한 기분을 유지해.

도움이 될 만한 표현들

- 감정은 우리의 든든한 친구가 될 수도 있고, 다른 사람을 해치는 날카로운 칼이 될 수도 있어요.
- 긍정적인 감정과 부정적인 감정을 구분하고 내 감정을 다스려 보세요.
- 내 감정을 기록하고 잘 정리해 봅시다.

2

감정과 친해지고 싶어요

03. 게임에서 지면 화가 나

04. 하지도 않은 일로 혼나서 억울해

05. 친구가 장난치니까 집중이 안 돼

06. 너무 들떠서 잠이 안 와

07. 선생님이 혼내서 속상해

08. 오래 준비한 일이 결국 안 되니까 허탈해

03 게임에서 지면 화가 나

💙 내 마음 들여다보기 💙

친구들과 게임을 하다가 지면 어떻게 하나요? (   )

A. 안 놀 거야. 재미없고 화도 나. 안 할래!

B. 큰 소리로 악을 쓰면서 우길래.

C. 그냥 게임이야. 이기고 지는 것보다 우정이 더 중요하지.

D. 져 주지도 않는 게 무슨 친구람!

마음속 고민

한빛 선배가 도와줄게

왜 화가 났는지 곰곰이 생각해 봐.

> 멍…

> 게임 진짜 못하네.

> 뭐야? 질주를 응원할걸.

> 히히, 이강한, 넌 나를 못 이겨!

> 나는 게임에서 져서 창피했고 친구들이 놀릴까 봐 걱정됐어.

방법 1 "우정이 먼저고, 대결은 그다음."이라는 말이 있어요. 게임의 과정이 결과보다 훨씬 중요하답니다. 게임에 져서 화가 나는 건 승부욕 때문이기도 하고 때로는 다른 사람의 평가가 신경 쓰여 그렇기도 해요. 이럴 땐 숨을 세 번 크게 쉬고 마음을 진정해요. 그다음 화난 이유를 찾아 보세요.

한빛 선배가 도와줄게
내가 느낌 감정을 솔직하게 말해 봐.

방법 2 성질을 부린다고 문제가 해결되진 않아요. 상대방은 우리 감정을 모르는 경우가 대부분이거든요. 내 감정을 이야기하고 왜 기분이 안 좋았는지 말하는 게 화내는 것보다 더 낫답니다.

한빛 선배가 도와줄게

입장을 바꿔서 친구의 감정도 생각해 봐.

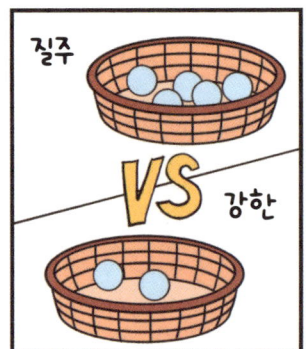

방법 3 난폭한 사람을 누가 좋아하겠어요. 내가 아닌 다른 사람의 입장에서 생각해 본 적 있나요? 내가 욱하고 짜증 내면 상대에게 상처가 될 수 있어요.

조금씩 성장하는 우리

게임할 때마다 이기고 싶지만 질 때도 있잖아. 그러면 난 늘 화를 냈어. 이런 행동은 좋지 않아. 나 때문에 친구가 상처 받을 수도 있거든. 그래서 마음을 가볍게 먹고 게임을 하려고 해. 처음부터 잘되진 않겠지만, 침착하게 감정을 가라앉히고 다음 게임에서 이길 방법을 생각할 거야.

● 감정에 휩쓸리지 말고 침착하게 생각하기

● 나의 실수를 살펴보고 바로잡기

도움이 될 만한 표현들

☐ 이번에 져도 괜찮아, 다음에 이기면 되지!
☐ 실패는 성공의 바탕이야. 평온하게 승패를 받아들여야지.
☐ 화를 낸다고 문제가 해결되지 않아.
☐ 계속 이길 수도 없지만, 계속 질 리도 없어.

04 하지도 않은 일로 혼나서 억울해

🩵 내 마음 들여다보기 🩵

내가 하지 않을 일로 억울하게 누명을 썼다면 어떻게 하고 싶나요? (　　)

A. 가출할 거야. 다시는 집에 안 들어갈래.

B. 방문을 잠그고 혼자 토라져 있을 거야.

C. 엉엉 울면서 고래고래 소리 지르고 싸울 거야.

D. 침착하게 상황을 설명하고 내 기분을 이야기할래.

마음속 고민

한빛 선배가 도와줄게

사람과 사람 사이에 오해가 생길 수 있어. 가족도 마찬가지야.

방법 1 내가 하지 않았는데 부모님이 무작정 나를 의심하면 속상하고 화가 나죠. 하지만 가족이라도 우리 생각을 완전히 알 수는 없기 때문에 오해가 생길 수밖에 없어요. 이럴 때는 방문을 걸어 닫고 토라져 있을 게 아니라 상황을 설명하고 오해를 풀어야 해요.

한빛 선배가 도와줄게

누구나 실수할 수 있어. 부모님도 완벽하지 않을 수 있다고 이해해 보자.

방법 2 가족이라고 모든 걸 다 알지는 못해요. 상황을 모르면 이해하기 힘드니까 우릴 오해하고 상처를 줄 수도 있죠. 완벽하지 않은 가족을 밀어내지 말고 이해하려고 해 보세요.

한빛 선배가 도와줄게

적극적으로 대화를 해 보고, 나의 상황을 잘 설명해 봐.

방법 3 솔직한 대화는 진실을 밝히는 데 도움이 돼요. 누명을 썼다면 일단 억울한 마음을 가라앉힌 다음 가족에게 사실을 분명히 말하고 오해를 풀어 보세요.

조금씩 성장하는 우리

가족이 나를 오해하면 일단 억울하고 그다음으로 서운한 마음이 생겨. 그리고 날 믿어 주지 않아서 속상하지. 이럴 때 난 혼자서 마음을 가라앉히고 왜 이런 오해가 생겼는지, 어떻게 말해야 할지 생각해. 가족이라고 모든 걸 알지는 못하니 소소한 오해는 생기게 마련이거든. 내가 잘 설명하면 오해는 자연스럽게 풀려.

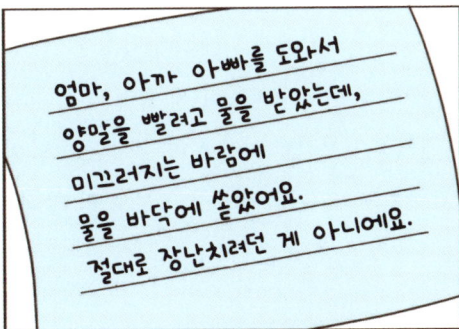

도움이 될 만한 표현들

- 화가 나면 가라앉을 때까지 기다렸다가 얘기해야지!
- 내 생각을 또박또박 전달해야 오해를 풀 수 있어.
- 의심받는 건 정말 별로야. 앞으로 더 믿음직스럽게 행동하면 오해를 줄일 수 있겠지!
- 가족은 나를 사랑해. 나를 오해한다고 날 사랑하지 않는 게 아니니까 최선을 다해 오해를 풀자.

05 친구가 장난치니까 집중이 안 돼

♥ 내 마음 들여다보기 ♥

집중해서 공부하고 있는데 갑자기 방해를 받으면 어떻게 하나요? (　　)

A. 방해한 사람에게 고래고래 따질 거야.

B. 공부 중이니까 조용히 해 달라고 조심스레 말할래.

C. 나도 그 무리에 끼어서 다른 사람을 방해해야지.

D. 에잇, 책도 던져 버리고 공부도 안 할래.

마음속 고민

한빛 선배가 도와줄게

방해받았을 때 화가 나는 건 정상적인 반응이니까 너무 걱정 마.

방법 1 집중해서 숙제를 하고 있는데 옆 친구가 우리를 방해할 때가 있어요. 이럴 때는 화나고 짜증도 나죠. 생각의 흐름이 끊기고, 처음부터 다시 시작해야 하니까요. 누구에게나 이런 일이 일어날 수 있어요. 그러니까 집중이 안 된다고 조급해하지 말고 앞으로는 편안하게, 천천히 감정을 다스리면 돼요.

한빛 선배가 도와줄게

상대방에게 조심해 달라고 말해 보자. 대화하면 대부분 문제가 해결돼.

방법 2 방해받았을 때 상대방에게 방해가 되니 하지 말아 달라고 정중히 말해 보세요. 침착하게 이야기한다면 상대방도 이해할 거예요. 말하지 않으면 내가 왜 짜증이 났는지 아무도 모른답니다.

한빛 선배가 도와줄게

마음을 가라앉히고 다시 집중해 봐.

방법 3 방해받으면 집중력을 되찾을 시간을 가져 보아요. 숨도 크게 내쉬고, 물도 한 모금 마셔 보세요. 그리고 나서 지금 가장 중요한 일이 무엇인지 떠올려 보세요. 어때요? 진정이 되었다면 산만해졌던 머릿속과 짜증 났던 감정에서 한 걸음씩 빠져나와요.

조금씩 성장하는 우리

방해를 받으면 집중력이 흐트러질 거야. 이럴 땐 화내거나 안달 내 봤자 내 마음만 더 불안해져서 공부하기 힘들어. 침착하게 다시 집중할 수 있도록 스스로에게 긍정적인 신호를 줘 봐. 공부를 잘 마치면 고생한 나에게 작은 선물을 줘도 좋아.

🍋 긍정적인 마음을 만드는 마법의 주문을 외치기

🍋 잘 해냈다면 스스로에게 상을 주기

도움이 될 만한 표현들

☐ 심호흡하고 긴장을 푼 다음 계속 공부해.

☐ 방해받아서 하던 일을 계속하기 힘들면 일단 다른 일을 해 보자!

☐ 방해되는 사람에게 바로 말해서 집중력이 흐트러지는 시간을 최대한 줄여.

06 너무 들떠서 잠이 안 와

♦ 내 마음 들여다보기 ♦

오랫동안 못 만났던 친구가 돌아와서 너무 기쁘고 설레어 잠이 안 와요. 이럴 때 어떻게 하나요? (   )

A. 엄마 아빠를 붙들고 친구 얘기를 한다.
B. 잠이 안 오면 그냥 안 잔다. 내일 많이 자면 되니까.
C. 편안해지는 클래식 음악을 들으면서 들뜬 기분을 진정시킨다.
D. 어떻게든 눈을 감고 자려고 애쓴다.

마음속 고민

한빛 선배가 도와줄게

차분한 음악을 들으면서 들뜬 마음을 가라앉혀 봐.

방법 1 우리 몸에 있는 중추신경계는 행동이나 감정을 조절하는 역할을 해요. 그래서 신나면 중추신경계가 바빠져서 마음이 쉽게 들뜨고, 잠이 잘 안 올 수도 있어요. 이럴 때는 마음을 가라앉힐 방법을 생각해야 해요. 클래식 음악을 들으면서 숨을 천천히 쉬면 잠이 올 거예요.

한빛 선배가 도와줄게

우유를 마시거나 족욕을 해서 흥분한 뇌를 진정시키면 잠들 수 있어.

방법 2 뇌가 잠들 준비가 되지 않고 깨어 있으면 눈이 말똥말똥하고 잠이 안 와요. 우유나 꿀물을 한 잔 마셔 볼까요? 그리고 따뜻한 물에 발을 담근 채 좋아하는 책을 골라 천천히 읽다 보면 우리 뇌가 자연스럽게 진정될 거예요. 그러면 한결 쉽게 잠들 수 있답니다.

한빛 선배가 도와줄게

가벼운 운동을 하면 몸이 피로해져서 빨리 잠들어요.

방법 3 산책하기, 자전거 타기, 수영, 요가 등 숨을 천천히 들이쉬고 내쉬는 유산소 운동을 하면 몸이 개운해져요. 운동하면 적당한 피로감도 생겨서 자연스럽게 졸음이 밀려온답니다.

조금씩 성장하는 우리

설레는 일이 있어서 잠이 안 오면 먼저 내 기분부터 살펴보는 게 좋아. 또한 잠에 들려고 애쓰기보다는 다른 일을 할 수도 있지. 음악을 듣거나, 우유를 마시거나, 차분한 운동을 하면 스르르 잠이 올 거야.

🟡 마음을 다독여 주는 말을 나에게 건네기

🟡 잠시 다른 일로 마음을 가라앉히기

도움이 될 만한 표현들

☐ 자기 전에 가사가 없는 클래식 음악을 들어 봐.
☐ 복잡한 생각이 들 때는 폭신폭신하고 고요한 구름 위에 있다고 상상해 봐.
☐ 과하게 들뜨면 좋지 않으니까 천천히 마음 상태를 조절해.

07 선생님이 혼내서 속상해

♥ 내 마음 들여다보기 ♥

내가 잘못해서 선생님께 꾸중을 들었어요. 어떤 감정이 드나요? (   )

A. 친구들 앞에서 혼나서 너무 창피해.

B. 별것도 아닌데 선생님이 유난이셔. 이런 선생님 수업은 듣고 싶지 않아.

C. 또 혼날 것 같아. 학교 가기 싫어.

D. 좋은 뜻에서 혼내신 거라고 생각할래.

마음속 고민

 ## 한빛 선배가 도와줄게

잘못해서 혼낸 거지, 널 미워해서 혼낸 게 아니야.

방법 1 누구나 이런저런 잘못을 저지르고 선생님께 꾸중을 들어요. 혼나면 주눅이 들고 속상하기도 할 텐데 모두 당연한 감정이에요. 하지만 혼났다고 포기하거나 스스로를 원망하지 마세요. 선생님이 나를 미워해서 혼내는 게 아니거든요. 열심히 노력해서 잘못을 고친다면 나를 자랑스러워 할 거예요.

한빛 선배가 도와줄게

선생님의 꾸중은 발전에 도움이 되니까 있는 그대로 받아들이자.

방법 2 선생님은 우리가 끊임없이 배움을 얻고 실수를 줄이길 바라는 마음에 꾸중하시는 거예요. 따뜻한 조언은 더 나은 내가 되는 데 도움이 된답니다. 그러니 있는 그대로 받아들여요. 선생님은 우리가 성장하기를 바란답니다.

한빛 선배가 도와줄게

혼난 이유를 찾아서 잘못을 인정하고 고쳐 보세요.

방법 3 선생님께 혼났다면, 혼난 이유를 먼저 곰곰이 생각해 보고 진심으로 잘못을 인정하고 고쳐야 해요. 선생님의 꾸중이 심했다고 생각하면 솔직하게 자기 생각을 말해도 좋아요.

조금씩 성장하는 우리

선생님께 꾸중을 들었다고 하늘이 무너지지는 않아. 오히려 선생님이 정확하게 잘못된 부분을 짚어 주시니까 나도 몰랐던 실수를 고칠 수 있지. 지적받으면 같은 실수를 하지 말자고 다짐하자. 그럼 더 나은 내가 되는 길을 찾을 수 있어.

● 꾸중을 들으면 항상 반성하기

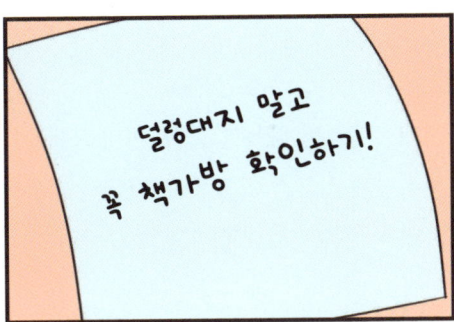

● 어제보다 멋진 내가 되기

도움이 될 만한 표현들

☐ 완벽한 것도, 완벽한 사람도 없어. 누구나 실수를 해. 한 번의 실수로 사람을 판단할 수는 없어.

☐ 너무 부담 갖지 마. 선생님은 내가 더 잘되길 바랄 뿐이야.

☐ 잘못을 반성하고 되짚어 보면 새로 배우는 게 있을 거야.

08 오래 준비한 일이 결국 안 되니까 허탈해

💙 내 마음 들여다보기 💙

오랫동안 계획해 온 여행이 갑자기 어쩔 수 없는 이유로 취소됐어요. 어떤 생각이 들까요? (   )

A. 몰라, 몰라. 난 갈 거야!
B. 내 감정부터 다독여 보자. 이미 오랫동안 기다렸으니 좀 더 기다려도 돼.
C. 속상해서 무슨 일을 해도 답답하고 울적해. 눈물이 나.
D. 더는 어떤 일에도 희망을 품지 않을래.

마음속 고민

한빛 선배가 도와줄게

계획이 틀어졌다면 다른 방법을 생각해 봐.

방법1 먼저 세운 계획이 틀어졌다면 실망하지 말아요. 다른 방법은 없을지 열심히 고민해 봐요. 혼자 노력해서 목표를 이룰 수도 있지만, 어른의 도움을 받아도 돼요. 다 함께 머리를 맞대고 힘을 합치면 해낼 수 있답니다.

한빛 선배가 도와줄게

이미 지나간 일은 잊자. 담담하게 결과를 받아들여.

방법 2 이미 일어나서 바꿀 수 없는 일이라면 담담하게 받아들이는 법을 배워 봐요. 분노하고 실망하며 나쁜 감정에 빠져 허우적대면 하루가 엉망이 될 수 있어요.

한빛 선배가 도와줄게

재미있게 놀며 기분 전환을 해 봐.

방법 3 부정적인 감정에서 벗어나는 가장 좋은 방법은 관심을 다른 데로 돌리는 거예요. 내가 좋아하는 일을 해 보세요. 책을 읽어도 좋고, 영화를 보거나 보드게임을 하거나 그림을 그려도 좋아요. 그럼 금세 기분이 좋아질 거예요.

조금씩 성장하는 우리

　모든 일이 내 뜻대로 되진 않아. 예상치 못한 일로 기대가 꺾일 때도 있어. 하지만 이미 벌어진 일인데 실망해 봤자 무슨 소용이야. 긍정적으로 생각하는 게 낫지. 먼저 다른 계획은 없을지 생각해 보고, 정말 없다면 덤덤하게 받아들여. 기분 전환이 필요할 땐 다른 재미있는 일을 해 보는 것도 좋아. 그러면 실망감에 허우적대지 않을 수 있어.

도움이 될 만한 표현들

- 즐거움은 인생에서 가장 위대한 일이다! - 막심 고리키
- 슬픔에 잠겨 있는 대신 좋아하는 일을 하며 즐거운 하루를 보내자.
- 결과를 바꿀 수 없다면 그 상황을 받아들이려고 노력해 봐.
- 마음을 다독이고 부정적인 감정을 멀리하는 것도 중요한 능력이야.

3

속마음을 표현할래요

09. 친구들과 다른 반이 되어서 우울해

10. 학급 회장 선거에서 떨어질까 봐 긴장돼

11. 곧 시험이야, 너무 떨려

12. 제대로 할 줄 아는 것도 없고, 난 망했어

13. 낯선 사람에게 말 거는 게 어려워

14. 키우던 햄스터가 보고 싶어

09 친구들과 다른 반이 되어서 우울해

♦ 내 마음 들여다보기 ♦

새 학기가 시작되고 친한 친구들과 다른 반이 되었어요. 새로운 환경에서 여러분은 어떻게 할래요? (　　)

A. 친한 친구들이 보고 싶어. 계속 그 친구들과 같은 반이면 좋을 텐데.

B. 긴장도 되고 불안해서 안절부절못하겠어.

C. 혼자라 외롭고 슬퍼.

D. 씩씩하게 주변 친구들과 인사하면 새로운 반에 적응할 수 있어.

마음속 고민

한빛 선배가 도와줄게

주위 환경을 눈에 익히면서 천천히 긴장을 풀어 봐.

방법 1 1년 동안 같은 교실에서 익숙한 친구들과 어울렸기 때문에 편안함을 느꼈던 거예요. 하지만 새로운 교실에 가면 모르는 것이 많으니 두렵고 불안해지고 긴장하게 되죠. 이럴 땐 주위 환경부터 살펴보고 적응해 보세요. 창밖 풍경도 보고 짝꿍도 알아가다 보면 덜 긴장될 거예요.

한빛 선배가 도와줄게

걱정이 커지기 전에 '멈춤' 버튼을 눌러 봐.

방법 2 낯선 교실에서 불안하다 보니 혼자만의 착각에 빠져서 '내가 부족하지 않을까?', '친구들과 친해질 수 있을까?' 하는 걱정을 해요. 이렇게 불안한 마음이 부풀어 오른다면 나만의 '멈춤' 버튼을 눌러 보세요. 나의 걱정은 상상일 뿐 현실이 아니란 걸 알게 될 거예요.

한빛 선배가 도와줄게

적극적으로 새로운 친구를 사귀어 봐. 취미나 관심사가 무엇인지 물어볼까?

방법 3 새로운 학년이 시작되어 익숙한 친구와 선생님이 없으면 슬프고 의기소침해질 수 있어요. 하지만 키가 쑥쑥 크듯이 모든 것은 변해요. 적응하는 법을 배우고 적극적으로 새 친구를 사귀어 보세요. 그래야 울적한 감정에서 벗어나 새로운 반에서 잘 지낼 수 있답니다.

조금씩 성장하는 우리

　새로운 반에 가면 적응하지 못할까 봐 울적해져. 사실 그건 내가 습관적으로 "나는 못 해."라고 한계를 정하기 때문이야. 그래서 두려움을 극복하고 의식적으로 새로운 친구들과 친해지려고 몇 가지 방법을 썼어. 그랬더니 나도 모르는 사이에 새로운 반에 녹아들었어!

● 주변 환경 둘러보기

● 친구에게 웃으며 인사하기

● 긴장감을 극복하고 적극적으로 손 내밀기

도움이 될 만한 표현들

☐ 적극적으로 주변 친구들에게 인사해 봐!
☐ 낯선 환경도 두렵지 않아. 새로운 환경을 마주하는 긴장감과 불안은 극복할 수 있어.
☐ 처음엔 적응이 안 되겠지만, 시간이 흐르면서 새로운 반에 적응하게 될 거야.

10 학급 회장 선거에서 떨어질까 봐 긴장돼

♥ 내 마음 들여다보기 ♥

학급 임원 선거에 출마해서 곧 연설해야 하는데 너무 떨려요. 연설하다가 실수하면 어쩌나, 선거에서 떨어지면 어쩌나 그 생각뿐이죠. 점점 더 긴장된다면 어떻게 할 건가요? (   )

A. 스스로 격려하며 자신감을 갖는다.
B. 어차피 남보다 못하니까 떨어지겠거니 생각한다.
C. 관두자, 연설 안 하면 그만이지.

마음속 고민

한빛 선배가 도와줄게

심호흡하며 긴장 풀고 스스로에게 용기를 북돋아 줘.

방법 1 많은 사람 앞에 나가면 누구든 움츠러들고 당황해요. 이럴 때는 숨을 크게 쉬고 다시금 자기 리듬을 조절해 봐요. 그리고 용기가 생기는 말을 속으로 되뇌면서 자신감을 키우면 긴장감이 줄어들 거예요.

한빛 선배가 도와줄게

마음 편하게 먹어. 승리를 기쁘게 받아들이듯 실패도 담담하게 마주하자.

방법 2 성공이 있으면 실패도 있는 법이죠. 우리가 최선을 다했다면 원하는 결과를 얻지 못했어도 자부심을 가질 만해요. 그러니까 평소처럼 하면 돼요. 그 과정을 즐기면서 담담하게 결과를 받아들이려고 해 보아요. 그러면 긴장감도 눈 녹듯 사라질 거예요.

한빛 선배가 도와줄게

부담감을 에너지로 삼아서 더 성장할 수 있어.

방법 3 경쟁이 부담스럽고 실패할까 봐 걱정되는 건 당연해요. 이런 부담을 "더 열심히 준비할 거야."라는 동력으로 바꾸고 실력을 더 키우면 뛰어난 인재가 될 수 있어요. 충분히 준비하면 부담감은 훌훌 날아갑니다.

조금씩 성장하는 우리

실패는 두렵지 않아. 실패에서 배움을 얻으면 한 단계 성장하는 셈이니까. 나는 긴장을 풀고 경쟁 과정을 즐기면서 결과는 되도록 생각하지 않으려고 해. 또한 다른 친구를 보고 배우면서 부족한 점을 메우지. 준비를 충분히 할수록 걱정도 줄어들어.

도움이 될 만한 표현들

☐ 경쟁은 나를 한 단계 더 성장하게 해 줘.
☐ 경쟁이지만 평소처럼 하자. 결과보다 참가하는 데 의미가 있어.
☐ 승자만 영웅이 되는 건 아니야. 진 사람도 존중받아야 해.
　승패는 그리 중요하지 않아.

11 곧 시험이야, 너무 떨려

♥ 내 마음 들여다보기 ♥

다음 주가 시험이라 스트레스를 심하게 받는다면 어떻게 할 건가요? (   )

A. 방에 들어가서 쉬지 않고 연습할 거야.

B. 계속 걱정만 하고 아무것도 하지 않을 거야.

C. 될 대로 되라! 자포자기하고 연습도 안 할래.

D. 일단 긴장을 풀고 효율적인 방법을 찾아서 복습해야겠어.

마음속 고민

한빛 선배가 도와줄게

왜 시험을 보는지 생각해. 제 실력만 발휘한다면 칭찬받을 만해.

방법 1 시험은 내가 얼마나 잘 알고 있는지 확인하는 시간이에요. 때론 성공을 향해 나아가도록 돕고, 때론 끊임없이 전진할 수 있도록 격려하죠. 점수와 등수를 지나치게 신경 쓰면 공부가 지겨워져요. 시험 보기 전, '평소 공부하듯이 시험 보자!'라고 되새겨 보세요. 열심히 복습하고 제 실력을 발휘한다면 그걸로 충분합니다.

한빛 선배가 도와줄게

긴장을 풀 수 있는 일을 해 봐.

방법 2 시험을 앞두고 '잘해야 한다.'라는 부담을 느끼고 있나요? 부담이 동력이 되기도 하지만, 지나치면 숨이 막히고 공부에도 도움이 안 된답니다. 이럴 때는 시험을 잠시 잊고 긴장을 풀 수 있는 일을 해 보세요. 마음이 가벼워져야 복습도 더 잘되고, 시험도 잘 볼 수 있답니다.

한빛 선배가 도와줄게

자신감이 있어야 시험 때 당황하지 않아.

방법 3 시험 보기 전에 긴장되는 건 자신감이 부족해서예요. 그럴 땐 시험 전에 복습하면서 부족한 부분을 보완해 보세요. 요점을 파악해서 실력을 키우면 자신감이 생겨서 시험이 별로 걱정되지 않을 거예요.

조금씩 성장하는 우리

나는 시험을 망쳤다고 선생님이나 부모님께 꾸중을 들을까 봐 무척 긴장하는 편이야. 하지만 선생님과 부모님은 우리가 공부를 대하는 태도를 더 중요하게 여기셔. 시험은 그동안 배운 것을 점검하는 도구일 뿐이야. 스트레스가 심해지면 일단 긴장을 풀고 계획대로 복습하려고 해. 그래야 시험을 통해서 부족함을 메꾸고 발전할 수 있으니까.

도움이 될 만한 표현들

☐ 성적에 연연하지 않을래. 시험은 부족함을 메우는 도구일 뿐이야.
☐ 시험은 나를 평가하는 유일한 기준이 아니야. 어쩌다가 시험을 못 봤다고 평생 실패자가 되진 않아.
☐ 준비만 잘하면 아무리 어려운 문제라도 풀 수 있어.
☐ 이렇게 말해 봐. 난 할 수 있다! 난 시험을 잘 볼 거다!

12 제대로 할 줄 아는 것도 없고, 난 망했어

♥ 내 마음 들여다보기 ♥

인라인스케이트를 배우러 갔는데 처음부터 좌절을 맛보았어요. 여러 번 시도했지만 계속 실패한다면 어떤 생각이 드나요? (　　)

A. 인라인스케이트와 안 맞는 것 같으니까 다신 안 배울래.
B. 처음에는 다 어려우니까 계속 노력해 볼래.
C. 역시 난 못 탈 줄 알았어.
D. 난 패배자야! 제대로 하는 게 없어.

마음속 고민

한빛 선배가 도와줄게

못 한다고 좌절하지 말고 목표를 바꿔 봐.

방법 1 실패하면 실망, 낙담, 슬픔 등 다양한 감정이 밀려와요. 이럴 때 잘하는 게 없다고 자기를 깎아내리지 마세요. 혹시 내 기대가 너무 높았던 건 아닌지, 목표를 조금 낮추면 이룰 수 있을지 생각해 보세요. 현실적인 목표를 세우고 매일 조금씩 노력하면 성공할 수 있답니다.

한빛 선배가 도와줄게

"나는 할 수 있다!" 계속 생각하며 격려해 봐요.

방법 2 한 번 실패했다고 영원히 실패하는 건 아니에요. 못한다고 포기하지 말고 일단 자기 자신을 격려하면서 할 수 있다고 스스로 응원해 보세요. 다시 도전하고 계속 노력하다 보면 성공이 눈앞에 다가와 있을 거예요.

한빛 선배가 도와줄게

실패한 원인을 찾고 올바른 방향으로 노력해 봐.

방법 3 실패했다고 한탄만 하면 아무것도 해결하지 못하고 제자리걸음만 할 거예요. 가장 좋은 방법은 원인을 찾고 고쳐 나가는 거죠. 방법이 잘못됐다면 고치고, 익숙하지 않다면 더 연습해야 해요. 그래야 실패에서 얻은 경험으로 성공할 수 있어요.

조금씩 성장하는 우리

'실패는 성공의 어머니'라고 했어. 난 한 번 실패했다고 나를 부정하진 않아. 도리어 누구나 실패하니까 다시 도전해 보자고, 더 노력하면 성공할 수 있다고 말해. 나는 실패가 고마워. 더 풍부한 경험과 교훈을 줄 뿐만 아니라 끊임없이 발전하게 도와주니까.

질주, 잘하네. 많이 발전했어.

저번에 진 후로 매일 탁구 치는 법을 연구하고 열심히 연습했어요!

아빠도 연습을 더 해야겠는걸?

도움이 될 만한 표현들

☐ 실패는 성공의 밑거름이야. 실패를 인정해야 성공할 수 있어.
☐ 실패를 성장의 동력으로 삼아 봐!
☐ 나는 할 수 있다고, 잘할 거라고 계속 되뇌어 보자.
☐ 큰 목표를 세우고 작은 목표도 여러 개를 세워. 그런 다음 작은 목표부터 노력해 보자!

13 낯선 사람에게 말 거는 게 어려워

● 내 마음 들여다보기 ●

다른 사람과 대화할 때 두렵고 긴장돼요. 심지어 말할 때는 더듬거리기도 하죠. 그런데 자선 바자회에 참여해 사람들에게 판매 물품을 소개해야 해요. 이럴 때 여러분은 어떻게 하나요? (   )

A. 몰라, 참여하지 않을래.

B. 엄마한테 대신 소개해 달라고 하고 옆에서 지켜볼래.

C. 용기를 내 한 걸음 내디뎌 볼래. 그럼 다 잘될 거야.

D. 난 왜 이렇게 못났을까?

마음속 고민

한빛 선배가 도와줄게

두려워하는 나의 모습을 피하지 마. 마음속 두려움을 받아들이는 법을 배워 봐.

방법1 누구나 마주하기 두려운 것이 있어요. 한탄하지 말고 완벽하지 않은 나를 받아들이는 법을 배워 보세요. 그리고 두려움을 정면으로 마주해 봐요. 두려움을 인정해야 극복도 할 수 있답니다.

한빛 선배가 도와줄게

하고 싶은 말이 있으면 속으로 여러 번 연습해 봐.

방법 2 낯선 사람과 대화하면 식은땀이 나나요? 제대로 표현하지 못하거나 말실수할까 봐 무서우면 그럴 수 있죠. 일단 마음속으로 하고 싶은 말을 몇 번 연습하면서 긴장과 불안을 없애 보세요. 충분히 준비하고 나면 자신감이 가득 차올라 움츠러든 어깨가 쭉 펴질 거예요.

한빛 선배가 도와줄게

마음의 장벽을 뛰어넘고 용감하게 한 발 내디뎌 봐.

방법 3 첫발을 떼기 전까지 우리는 마음속에 많은 장해물을 세워 두어요. 거절당할까 봐, 날 좋아하지 않을까 봐, 내가 잘하지 못할까 봐 두려운 거죠. 이럴 때는 모든 부담을 내려놓고 용감하게 마주해 봐요. 첫발을 내디디면 두 번째, 세 번째 걸음을 내딛기는 훨씬 수월해질 거예요.

조금씩 성장하는 우리

난 걱정이 많아. 특히 사람들에게 말 거는 게 어려워. 마음속으로 '괜찮아. 용기를 내자.' 하고 되뇌고는 해. 그리고 다른 사람과 대화하는 장면을 상상하면서 머릿속으로 연습해 봐. 적극적으로 말을 걸어 보면, 생각보다 어렵지 않다는 걸 알게 돼.

도움이 될 만한 표현들

- 생각보다 남들은 날 신경 쓰지 않아. 긴장하지 말자.
- 준비를 잘하면 사람들과 어렵지 않게 대화할 수 있어. 긴장감도 많이 줄어들어.
- 실수로 말을 잘못 해도 괜찮아. 진심으로 사과하면 되거든. 용감하게 성큼 첫발을 떼자.

14 키우던 햄스터가 보고 싶어

💙 내 마음 들여다보기 💙

키우던 햄스터가 죽고 말았어요. 어떤 생각이 드나요? (　　)

A. 다 내 잘못이야. 내가 제대로 돌보지 못했어.

B. 마음이 너무 아파서 뭘 해도 기운이 나지 않아.

C. 동물도 사람과 똑같아서 늙고 병들면 죽게 돼.

D. 시간이 지나면 잊히겠지. 괜찮아질 거라고 믿어.

마음속 고민

한빛 선배가 도와줄게

가족이나 친구에게 슬픔을 털어놔.

방법 1 반려동물이 세상을 떠나고 그 충격을 혼자서 감당하기 힘들다면 속상한 마음을 가족이나 친구에게 털어놔 보세요. 가족들 앞에서는 슬픔을 감출 필요가 없어요. 실컷 울고 이야기 나누면 우울한 마음이 눈물과 함께 흘러나와요. 동시에 응원과 위로도 얻을 수 있어서 슬픔에서 빠져나오기 쉬워요.

한빛 선배가 도와줄게

관심을 다른 데로 옮겨 봐.

방법 2 반려동물이 떠났다는 사실을 받아들이기 힘들어 슬픔에 빠질 수 있어요. 이럴 때는 공원을 산책하거나 사람들이 북적대는 거리를 걸어 보세요. 다른 데로 관심을 돌리면 잠시나마 반려동물을 잃은 슬픔을 잊을 수 있답니다.

한빛 선배가 도와줄게

사랑하는 만큼 떠나보내기 힘들지만, 기억 속에 영원히 간직할 수 있어요.

방법 3 자책, 슬픔, 상심은 사랑하는 존재를 잃었을 때 나오는 감정이에요. 아름다운 추억을 우리 기억 속에 소중히 간직한다면 반려동물은 영원히 우리와 함께할 거예요. 반려동물을 잘 보내 주고, 내 곁을 떠났다는 사실을 받아들이면서 슬픔에서 헤어나는 법을 배워 보아요.

조금씩 성장하는 우리

사랑하는 반려동물을 잃으면 무척 슬프지만, 슬픔에서 빠져나와 반려동물이 가장 사랑했던 명랑한 나로 돌아올 거야. 가족이나 친구에게 속상한 마음을 털어놓거나 도움을 청하고, 다른 일에 관심을 쏟기도 하면서 차츰 마음을 진정시킬래. 무엇보다 반려동물을 잘 보내 주고 우리 인연을 잘 끝맺을 거야.

● 타인에게 내 감정을 적절히 표현하기

● 부지런히 움직이기

● 반려동물과 작별 인사하기

도움이 될 만한 표현들

☐ 슬픔은 잠깐이야. 곧 나아질 거라고 믿어.

☐ 이별은 살면서 피할 수 없는 일. 현재를 소중히 여겨야 해.

☐ 곁에 있는 모든 친구와 가족, 반려동물을 소중히 여기자.

4

다른 사람의 마음이 궁금해요

15. 작은 물건 하나가 그렇게 중요해?

16. 자꾸 재촉하는 어른들이 미워

17. 누나는 왜 참을성이 없지?

15 작은 물건 하나가 그렇게 중요해?

♥ 내 마음 들여다보기 ♥

밖에서 놀다가 친구가 물건을 잃어버렸어요. 한참을 찾았지만 결국 물건도 못 찾고 제대로 놀지도 못했죠. 어떤 생각이 드나요? (   )

A. 친구의 물건을 찾는 게 제일 중요해. 오늘 못 놀았으면 다음에 놀면 되지.
B. 다시 사면 되는데 왜 이리 호들갑일까?
C. 난 놀러 나온 거지, 물건 찾으러 나온 게 아니니까 혼자 놀래.
D. 에휴. 오늘 재미있게 놀 줄 알았는데, 제대로 놀지도 못하고 지루해.

마음속 고민

한빛 선배가 도와줄게

슬퍼하는 친구를 위해 무엇을 하면 좋을까? 먼저 나의 감정을 조절해 봐.

> 동물원에 온다고 얼마나 설렜는데, 다 망쳤어. 산호만 아니었어도…….

> 어쨌든 오늘은 동물원도 문을 닫았고 실망한들 시간을 되돌릴 수 없어.

> 이렇게 된 거 오늘 일은 잊고 다음에 또 와야지.

방법 1 즐겁게 놀려고 했는데 친구에게 일어난 예상치 못한 일 때문에 계획이 어긋났어요. 생각지 못한 사고니까 친구의 잘못은 아니에요. 친구도 이미 속상할 거예요. 내 불만을 그대로 표현하면 친구가 더 슬퍼질 수 있어요. 나의 감정을 잘 조절해 보세요.

한빛 선배가 도와줄게

친구의 마음을 헤아려 봐.

방법 2 똑같은 물건도 사람에 따라 다르게 느낄 수 있어요. 내가 보기에 평범한 물건도 친구에게는 소중한 물건일 수 있죠. 그러니 쉽게 단정짓고 친구를 탓하지 말아요. 친구의 마음을 다 알 수는 없지만, 걱정하고 슬퍼하는 친구의 감정을 존중해 주세요. 내 말이 상처가 되지 않도록 조심하는 것도 멋진 배려예요.

한빛 선배가 도와줄게

친구가 기분이 좋아지도록 위로해 줘.

방법 3 속상해하는 친구에게는 따뜻한 위로가 필요해요. 친구의 속상한 마음을 잘 들어 주고, 다시 웃을 수 있도록 도와줄 방법을 생각해 봐요.

조금씩 성장하는 우리

 산호가 열쇠고리를 잃어버려서 재미있게 놀지는 못했어. 하지만 그건 산호의 잘못이 아니라 우연히 일어난 일이야. 산호는 물건을 잃어버려서 속상하고 슬플 거야. 투덜대지 말고 산호를 위로해 줘야지. 동물원 구경은 못 했어도 내 위로로 산호가 웃으니까 나도 행복해졌어.

🐥 속상한 친구 마음을 헤아리기

🐥 친구의 든든한 지원군이 되기

도움이 될 만한 표현들

☐ 친구를 도와줄래요. 속상해하면 위로할 거예요.

☐ 내게는 평범한 물건도 친구에게는 무척 소중할 수 있어요.

☐ 돌발 상황에 내 계획이 틀어진다고 기분까지 흐트러지게 두면 안 돼요.

16 자꾸 재촉하는 어른들이 미워

♥ 내 마음 들여다보기 ♥

외출 준비가 덜 됐는데, 부모님이 자꾸 재촉하면 어떻게 하나요? ( )

A. 문을 잠그고 못 들어오게 해요.

B. 화내면서 물건을 던지고 고래고래 소리 질러요.

C. 부모님께 상황을 설명하고 기다려 달라고 해요.

D. 너무 짜증 나요. 뭐가 그렇게 급하다고 맨날 재촉하는지 모르겠어요.

마음속 고민

한빛 선배가 도와줄게

역지사지, 입장을 바꿔서 생각해 봐.

방법 1 기다리는 쪽이 되면 그 시간이 얼마나 긴지 바로 알게 돼요. 마냥 기다리면 시간이 달팽이처럼 느릿느릿 흘러가요. 이렇게 처지를 바꿔 생각해 보면 상대의 기분을 이해할 수 있고 내 감정만 앞세우다 남에게 상처를 주는 일을 막을 수 있어요.

한빛 선배가 도와줄게

시간 약속은 서로에 대한 의무야.

방법 2 약속 시간을 마음대로 어기면 상대방이 곤란할 수 있어요. 서로의 시간을 낭비할 뿐만 아니라, 무책임한 사람으로 보이거든요. 누군가와 약속 시간을 정했다면 꼭 지켜야 합니다.

한빛 선배가 도와줄게

시간을 계산해서 계획을 세워 봐.

방법 3 항상 아침에 정신없이 준비하나요? 그건 우리가 시간을 합리적으로 분배하지 못했기 때문이에요. 시간을 잘 사용하면 늦지도 않을 테고, 부모님이 조마조마하게 기다리는 일도 없을 거예요. 시간을 잘 활용할 수 있도록 미리 계획을 세워 보세요.

조금씩 성장하는 우리

　내 주변 사람들은 늘 나를 재촉하곤 했어. 처음엔 정말 짜증 났는데 내가 기다리는 처지가 되어 보니까 상대의 조마조마한 마음이 이해가 되더라고. 매번 약속 시간에 늦으면 모두의 시간을 낭비할 뿐만 아니라 불만까지 살 수 있어. 나는 똑똑하게 계획을 세워서 시간을 잘 지키는 사람이 될 거야.

● 약속 시간 확인하기

● 합리적으로 계획 세우기

● 여유 있게 준비하기

도움이 될 만한 표현들

☐ 난 기다리는 게 싫어. 그건 남들도 마찬가지야.
☐ 약속은 반드시 지켜야 해.
☐ 계획을 잘 세워서 시간 관념이 철저한 사람이 될래.

17 누나는 왜 참을성이 없지?

♥ 내 마음 들여다보기 ♥

평소에 친한 언니 오빠가 있어요. 늘 인내심을 갖고 내 공부를 도와줬어요. 어느 날, 모르는 문제를 물어봤는데 그날따라 굉장히 성가셔한다면, 어떤 생각이 드나요? (   )

A. 가르쳐 주기 싫으면 말지, 왜 저렇게 무섭게 굴어?

B. 참을성이 없네. 날 싫어하나?

C. 왜 저런담. 나도 같이 성질부려야지.

D. 일부러 그런 건 아닐 거야. 진정한 다음 다시 찾아가 물어보자.

마음속 고민

한빛 선배가 도와줄게

친구가 화났을 때는 같이 화내지 말고 이해하려고 해 봐.

방법 1 누구나 욱하고 화날 때가 있죠. 저마다의 이유로 기분이 안 좋을 수 있답니다. 다른 사람의 안 좋은 감정을 받아 주는 건 나를 이해하는 길이기도 해요. 게다가 상대도 내가 싫어서 화내는 게 아니니까 상처받을 필요 없어요.

한빛 선배가 도와줄게

내가 잘못한 건 무엇일까? 문제를 돌아보자.

방법 2 상대의 말투에 짜증이 섞여 있었나요? 걱정이 있어서 기분이 안 좋았던 걸지도 몰라요. 내가 뭔가 잘못했을 수도 있고요. 상대방을 미워하기 전에 내 행동을 한번 돌아봐요. 서로 솔직하게 이야기하면 편하고 유쾌하게 소통할 수 있어요. 사이도 더 가까워질 거예요.

한빛 선배가 도와줄게

솔직하게 말하면 서로를 더 잘 이해할 수 있어.

방법 3 솔직하게 이야기를 나누는 시간은 중요해요. 상대방과 나 사이에 생긴 안 좋은 감정을 가장 빨리 해소할 수 있거든요. 상대방은 왜 짜증을 냈을까요? 나 때문이었을까요? 서운하고 불편한 마음은 대화로 풀면 돼요. 소통은 타인의 감정을 이해하는 데 도움이 될 뿐만 아니라 내 감정도 따뜻하게 안아 줄 수 있어요.

조금씩 성장하는 우리

걱정 없는 사람은 없으니까 욱하는 상황이 종종 생길 수 있어. 하지만 그게 꼭 나 때문은 아니야. 난 강한이를 보면서 타인의 짜증에 물들지 않는 법을 배웠어. 하지만 내게 잘못이 있다면 순순히 인정하고 고칠 거야. 배려하는 마음으로 대화한다면 누가 아무리 화를 내고 짜증을 내도 이겨 낼 수 있어!

👉 먼저 나를 돌아보기

👉 상대방이 왜 화가 났는지 이해하기

도움이 될 만한 표현들

- ☐ 타인의 감정은 물론 나 자신도 이해하고 안아 줘요.
- ☐ 타인의 부정적인 감정에 영향을 받지도 말고, 타인에게 영향을 주지도 말아요.
- ☐ 남의 감정에 휘둘리지 말고 나만의 속도로 하루를 보내요.
- ☐ 소통하는 법을 배우면 공감 능력을 키우는 데 도움이 돼요.

5

감정을 침착하게 말할 수 있어요

18. 친구가 뒤에서 내 험담을 할 때

19. 다들 내 탓만 할 때

20. 단짝 친구에게 새 친구가 생겼을 때

18 친구가 뒤에서 내 험담을 할 때

♥ 내 마음 들여다보기 ♥

친구 둘이 뒤에서 몰래 내 험담을 해요. 근데 하필 그 친구들과 한 조로 게임을 해야 한다면 어떻게 할 건가요? (   )

A. 속상하지만, 게임할 때만큼은 울적한 기분을 잊을래.
B. 게임하기 전에 나한테 왜 그러는지, 내가 뭘 잘못했는지 물어볼래.
C. 정말 너무 못됐어. 나도 같이 게임 안 할 거야.
D. 게임이 끝난 후에 몰래 골탕 먹여서 복수할래.

마음속 고민

한빛 선배가 도와줄게

친구의 시선을 너무 신경 쓰지 마.

방법 1 모두에게 사랑받길 바라지만, 그건 불가능해요. 우리는 다른 사람의 평가를 마음대로 바꿀 수 없거든요. 뒤에서 우리를 험담하고, 인정하지 않고, 존중하지 않는 사람들의 생각은 신경 쓸 필요 없어요. 남들이 뭐라고 해도 내 마음을 믿어 봐요.

한빛 선배가 도와줄게

시원하게 오해를 풀고 불편한 마음도 털어 버려.

방법 2 친구와 오해가 생기면, 그 오해가 커다란 돌덩이가 되어 가슴을 짓누르는 것처럼 답답해요. 문제를 피하지 말고 늦지 않게 풀어 보세요. 돌덩이를 치우지 않고 계속 꽁해 있으면 생각이 많아지고 속상한 마음이 쌓여서 우울해질 수도 있어요.

한빛 선배가 도와줄게

네게 상처를 줬던 친구를 평소와 똑같이 다정하게 대해.

방법 3 싸운 적이 있거나 날 오해하고 상처를 줬던 친구를 마주하려면 어색하고 난감하죠? 하지만 세상에 완벽한 사람은 없어요. 머릿속에서 그 친구들을 '나쁜 사람'으로 못 박으면 안 돼요. 일부러 나를 괴롭힌 게 아니라고 믿고, 평소와 똑같이 대하면 마음의 상처도 자연스레 사라질 거예요.

조금씩 성장하는 우리

　타인의 평가가 늘 진실은 아닌데 난 타인이 보는 내 모습에 연연했어. 그런데 그럴 필요 없어. 남의 평가를 지나치게 신경 쓰면 부정적인 감정이 많이 생겨. 또 그런 일이 생기면 어떻게든 그 평가를 바꾸고 빨리 잊어버릴래. 단단한 내가 되는 게 가장 중요하니까!

● 외부의 평가를 신경 쓰지 말기

● 오해는 늦지 않게 풀기

● 지난 상처를 담담하게 마주하기

도움이 될 만한 표현들

☐ 남들이 뭐라고 하든 내 갈 길을 가면 돼!

☐ 객관적으로 나를 보면 타인의 평가에 흔들리지 않을 수 있어.

☐ 지난 고통과 상처는 담담하게 잊어버릴래.

☐ 오해도 풀고, 마음의 응어리도 풀어야겠어.

19 다들 내 탓만 할 때

♥ 내 마음 들여다보기 ♥

요즘 기분이 좋지 않아요. 친구도 내 의견에 반대만 하고, 누나도 별거 아닌 일로 혼내고, 늦잠 좀 자려고 하면 아빠가 깨워요. 다들 작정하고 나만 걸고넘어지는 것 같아요. 이럴 때 어떤 기분이 드나요? (   )

A. 다들 나한테만 뭐라고 해, 진짜 너무해!

B. 너무 슬퍼. 난 요즘 왜 이렇게 운이 나쁘지?

C. 이런 고민은 다 잊고 내가 좋아하는 일을 할래.

D. 당하고만 있을 순 없지. 나한테 시비 건 사람들, 가만 안 둬!

마음속 고민

한빛 선배가 도와줄게

입장 바꿔 생각하고 타인을 이해해 봐.

방법 1 살다 보면 내 맘대로 되지 않고, 주변 사람들이 괜히 나한테 시비 거는 것 같을 때가 있죠. 그런데 누군가 안 좋은 감정을 드러낼 땐 그만한 고민이나 여러분이 모르는 사정이 있을 수 있답니다. 다른 사람의 마음을 이해하려고 노력하다 보면 몰랐던 사실을 알게 될 수도 있어요.

한빛 선배가 도와줄게

내가 왜 그런 감정을 느꼈는지 정리해 봐.

방법 2 부정적인 감정은 불쑥 찾아오긴 하지만, 다 이유가 있어요. 신정하고 다시 생각해 보면 별일 아니었단 걸 알게 되죠. 기분이 안 좋아지면 그런 감정을 왜 느꼈는지 정리해 보고 그 부분을 해결하면 돼요. 그렇게 하다 보면 다시 마음이 가벼워져요.

한빛 선배가 도와줄게

부정적인 감정에서 빠져나오려고 노력해 보자.

방법 3 부정적인 감정이 느껴질 땐 속으로 삭이려고 하면 안 돼요. 그럼 감정의 크기가 더 커져서 답답해질 뿐만 아니라 갑자기 펑 터져 일상생활에도 영향을 줄 수 있거든요. 내 감정을 솔직하게 털어놓으세요. 가까운 사람에게 얘기하거나, 아름다운 꽃이나 풍경을 관찰하거나, 좋아하는 활동을 하며 관심을 돌리는 것도 좋아요.

조금씩 성장하는 우리

삶이 항상 순조롭기만 할 수는 없어. 사람들이 내게 시비를 건다고 생각했지만, 알고 보니 저마다 힘든 일이 있어서 그랬더라고. 나도 다음에는 욱하면서 성질부리는 버릇을 고치고 타인의 처지를 이해하며 내 감정을 조절할 거야. 그 외에도 부정적인 감정에 휘둘리지 않고 적극적으로 빠져나올 생각이야.

- 가족, 친구에게 하소연하기
- 일상에서 즐거운 추억 만들기

- 나를 즐겁게 하는 일에 관심을 쏟기

도움이 될 만한 표현들

☐ 갈등이 생기면 앞뒤 상황을 잘 살펴 보자.
☐ 난 왜 화가 났을까? 정말 화를 낼 만한 일이었나?
☐ 기분이 좋아지도록 운동하고 음악 듣고 푹 잘 테야.
☐ 걱정과 고민은 잊어버리고 항상 즐거운 일을 생각할래.

20 단짝 친구에게 새 친구가 생겼을 때

♥ 내 마음 들여다보기 ♥

친한 친구에게 새로운 친구가 생겨서 맨날 그 친구하고만 놀면 어떤 생각이 들까요? (   )

A. 날 무시하다니, 화가 나. 나도 안 놀래!
B. 괜찮아. 나도 그 친구와 친구가 되면 같이 놀 수 있잖아.
C. 우리 우정을 배신한 거야. 친구가 원망스러워.
D. 삐졌어. 나도 다른 친구와 놀 거야. 친구가 날 찾아오는지 지켜봐야지.

마음속 고민

한빛 선배가 도와줄게

친구를 존중해 줘.

방법 1 친구에게는 스스로 선택할 자유가 있어요. 내 친구는 좋은 사람이니 나 말고도 친구가 있는 게 당연하죠. 나하고만 친구를 하고, 나에게만 시간을 쓰라고 한다면 너무 이기적이지 않을까요? 균형 있게 내 감정을 다스려야 우정도 단단하게 지킬 수 있어요!

한빛 선배가 도와줄게

네 감정을 친구에게 말해.

방법 2 우정은 유연하고 변화무쌍한 관계라 쉽게 깨지지 않아요. 친구랑 사이가 틀어졌다거나, 속상한 일이 생기면 내가 느끼는 감정을 친구에게 솔직하게 말해 보세요. "난 네가 필요해.", "난 널 소중하게 생각해." 이렇게 진심을 표현하면 우정은 더욱 단단해질 거예요.

한빛 선배가 도와줄게

변해 가는 우정을 담담하게 받아들이자.

방법 3 우정은 영원히 변치 않는 감정이 아니에요. 계속 새 친구를 사귀다 보면 원래 친구와 서서히 멀어지고 새로운 친구와 우정이 깊어지기도 하죠. 이런 과정을 담담하게 마주해야 합니다. 친구와 함께하는 지금을 소중히 여기고, 우정에 변화가 생겼을 때는 친구와 어울릴 다른 방법을 찾으면 돼요.

조금씩 성장하는 우리

친구는 어느 한 사람만의 소유물이 아니니까 욕심부리면 안 돼. 질투도 나고 고은이와 내 우정이 깨질까 봐 걱정되지만, 그래도 고은이가 새 친구를 사귀어서 기뻐. 고은이에게는 내 감정을 솔직하게 말했어. 알고 보니 나랑 산호도 취미가 비슷하더라. 우정을 나누니까 즐거움이 두 배가 됐어!

● 친구의 새로운 관계를 응원해 주기

● 내 친구의 새로운 친구와 친해지기

도움이 될 만한 표현들

☐ 나도, 내 친구도 각자의 공간이 필요해.
☐ 변하는 우정과 관계를 받아들이고 적응해 나가야지!
☐ 나도 너희랑 놀아도 돼?

알쏭달쏭 내 기분을 표현하는 20가지 방법
어린이 감정 말하기 연습

초판 1쇄 발행 2025년 7월 24일

지은이 한투
옮긴이 김희정
펴낸이 민혜영
펴낸곳 데이스타
주소 서울특별시 마포구 월드컵로14길 56, 3~5층
전화 02-303-5580 | **팩스** 02-2179-8768
홈페이지 www.cassiopeiabook.com | **전자우편** editor@cassiopeiabook.com
출판등록 2012년 12월 27일 제2014-000277호

ⓒ 한투, 2025
ISBN 979-11-6827-312-2 (73190)

이 책은 저작권법에 따라 보호받는 저작물이므로 무단 전재와 무단 복제를 금지하며, 이 책의 전부 또는 일부를 이용하려면 반드시 저작권자와 (주)카시오페아 출판사의 서면 동의를 받아야 합니다.

- 데이스타는 (주)카시오페아 출판사의 어린이·청소년 브랜드입니다.
- 잘못된 책은 구입하신 곳에서 바꿔 드립니다.
- 책값은 뒤표지에 있습니다.